Dod i Adnabod a Charu Duw

Cyflwyno Duw i Blant o Bob Ffydd

GAN THE SINCERE SEEKER KIDS COLLECTION

God

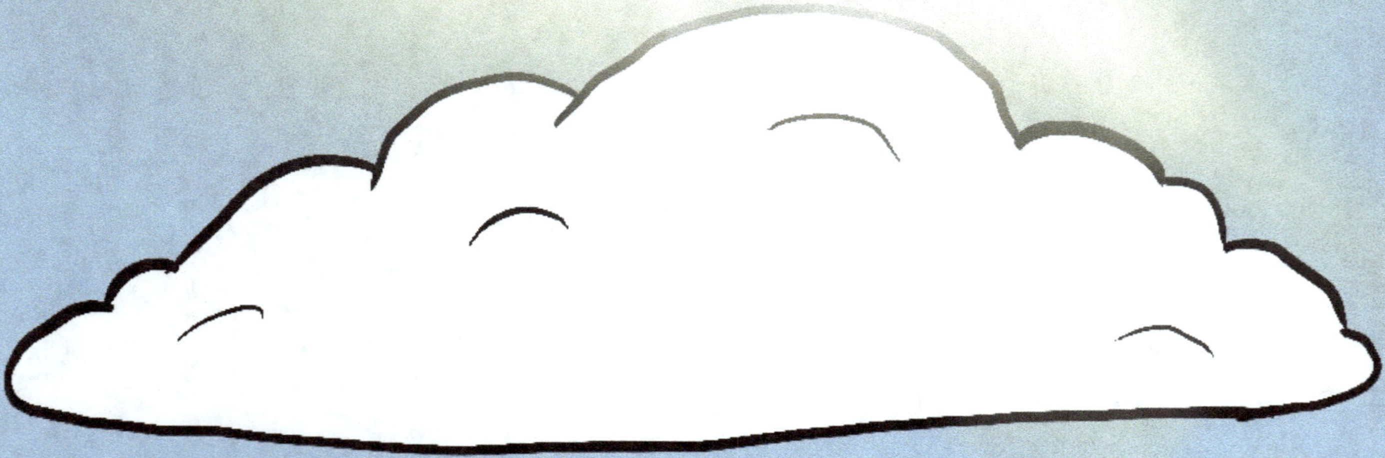

DUW YW'R UN A'R UNIG UN.
DUW YW EIN CREAWDWR.
MAE DUW YN RHEOLI AC YN GOFALU AMDANAT TI & FI & EIN
TEULUOEDD & BOB DIM ARALL HEFYD.
MAE DUW YN RHOI BWYD I NI A GWELY CYNNES
CLUD LLE RYDYM YN DDIOGEL A CHADARN.
MAE DUW I FYNY UWCH Y NEFOEDD.

CREODD DUW PLANEDAU MAWR A PHLANEDAU BACH.
CREODD DUW Y DDAEAR I NI GAEL BYW YNDDI.
CREODD DUW sêr llachar i roi goleuni i ni.
CREODD DUW Y BYDYSAWD I GYD.

CREODD DUW Y LLEUAD **LLAWN**.

CREODD DUW Y CYMYLAU LLWYD GWLANOG.

MAE DUW YN DOD Â GLAW I LAWR I'R DDAEAR I'W FWYDO A'I LANHAU.

MAE DUW YN GWNEUD I'R GWYNT CHWYTHU I GYFEIRIADAU GWAHANOL.

MAE DUW YN GWNEUD I'R HAUL DISGLEIRIO'N GOLAU.

CREODD DUW AFONYDD GLAS PRYDFERTH.

CREODD DUW DDŴR OER A DŴR CYNNES HEFYD.

CREODD DUW DONNAU MAWR Y CEFNFOROEDD

CREODD DUW Y MOROEDD TYWYLL DWFN
MAE DUW YN GWNEUD I'R TONNAU SYMUD A CHODI.

CREODD DUW FYNYDDOEDD *Creigiog* UCHEL.
CREODD DUW FYNYDDOEDD BYR LLAWN EIRA.

CREODD DUW GOED BANANA A CHOED
OREN I NI GAEL BWYTA.
CREODD DUW FLODAU LLIWGAR O WAHANOL
FATHAU AG AROGL MELYS I NI GAEL MWYNHAU.

CREODD DUW DEULUOEDD HAPUS I NI
GAEL GWARIO AMSER GYDA'N GILYDD.
CREODD DUW RHIENI LLAWN CARIAD I EDRYCH AR EIN HOLAU
AC I'N CARU AC I NI FOD YN GLEN HEFO NHW
CREODD DUW FRODYR A CHWIORYDD HWYL I EDRYCH
AR EIN HOLAU AC I CHI EDRYCH AR EU HOLAU NHW

CREODD DUW ANIFEILIAID MAWR FEL ELIFFANTOD
AFFRIG ac EIRTH BROWN ac
ALIGATORAU GWYRDD HEFO DANNEDD MINIOG.

CREODD DUW ANIFEILIAID BACH FEL Y FUWCH GOCH GOTA BITW A'R GWENYN SY'N SUO. CREODD DUW Y SIONCYN GWAIR BYWIOG, MORGRUG BITW BACH, A GWAS Y NEIDR SY'N HEDFAN.

CREODD DUW BWYD MAETHLON I HELPU EIN CORFF I DYFU'N IACH A CHRYF.

CREODD DUW DDIODYDD BLASUS AT PAN MAE SYCHDER ARNAT.

CREODD DUW GRAWNWIN PIWS, BARA FFRES BLASUS, CAWS MELYN, CYW IÂR SUDDLON AC AFALAU COCHION HYFRYD.

MAE DUW YN RHOI BYWYD I BOBL AC YN RHOI LLAWER O BETHAU HEFYD. RHODDODD DUW CARTREF CYFFORDDUS I FYW YNDDI, CAR I YRRU, EIN HOFF DEGANAU I chwarae hefo, EIN DWY LAW I GREU PETHAU A'N DAU DROED I GERDDED, EIN LLYGAID I WELD, EIN CLUSTIAU I GLYWED, A CHEG I FWYTA A SIARAD

MAE DUW YN GWELD BOB DIM
AC YN GWYBOD BOB DIM SY'N DIGWYDD.
MAE DUW YN CLYWED BOB DIM
SY'N CAEL EI DDWEUD.

MAE DUW YN **LLAWN** CARIAD.
MAE DUW YN EIN CARU NI YN FAWR
IAWN IAWN. MAE DUW YN GOFALU
AMDANOM NI YN FAWR **IAWN IAWN**.
DYLSEM NI EI GARU HEFYD.

MAE POPETH GAN DUW YN DDA.
DUW YW GOLEUNI'R NEFOEDD A'R DDAEAR.
MAE DUW YN RHOI GOLEUNI YNG
NGHALONNAU PAWB.

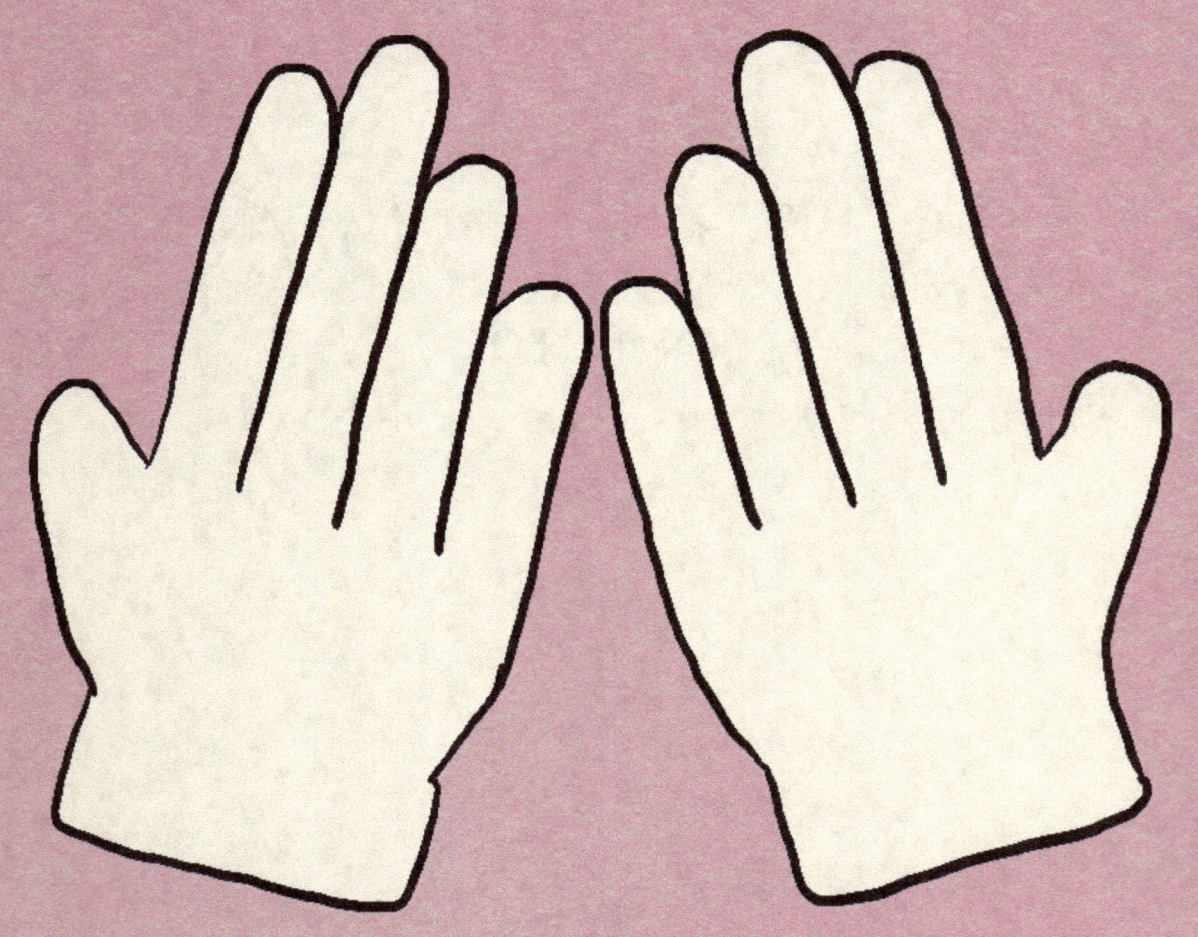

RYDYM YN GWEDDÏO I DUW GAN FOD DUW
WEDI EIN CREU NI AC YN EIN CARU.
RYDYM NI YN CARU DUW HEFYD.
MAE DUW YN ATEB EIN GWEDDÏON
PAN RYDYM YN GOFYN IDDO.
DYLEM NI WASTAD SIARAD HEFO DUW.

BYDD DUW YN RHODDI PARADWYS
HAPUS I BOBL DDA LLE BYDDENT YN
DERBYN BETH BYNNAG MAENT EISIAU
AC YN BYW YN HAPUS BYTH WEDYN.

Y DIWEDD.

www.ingramcontent.com/pod-product-compliance
Lightning Source LLC
Chambersburg PA
CBHW081346120626
46546CB00011B/3465